VIGNORY

LE CHATEAU — LE PRIEURÉ — L'ÉGLISE

PAR Ch. GROUET

MEMBRE DE LA SOCIÉTÉ ARCHÉOLOGIQUE DE SENS
COLLABORATEUR DE LA *RENAISSANCE ILLUSTRÉE*
ANCIEN RÉDACTEUR DE L'*ÉCHO DU MONDE SAVANT*
DU *JOURNAL DES ARTISTES*
DE LA *REVUE ARCHÉOLOGIQUE DE LA MANCHE*

Tiré à cent exemplaires

PARIS

LIBRAIRIE ARCHÉOLOGIQUE DE Victor DIDRON, 13, RUE HAUTEFEUILLE

MDCCCLVI

VIGNORY.

LE CHATEAU — LE PRIEURÉ — L'ÉGLISE.

I.

Dernièrement, un de nos amis, collectionneur érudit et infatigable, nous faisait voir une série de vues gravées de l'ancienne France et d'autographes curieux, inédits la plupart, relatifs aux conquêtes glorieuses de l'Empire, et surtout à cette mémorable campagne de France, de 1814-1815. Parmi tous ces édifices byzantins, gothiques ou renaissance, nous remarquâmes un profil du clocher roman de Vignory, et parmi les autographes relatifs à l'héroïque résistance de nos pères, lors de la guerre d'invasion, nous découvrîmes celui-ci écrit sur un modeste papier bleuâtre jauni par la fumée :

Saint-Dizier, le 8 janvier 1814.

A M. le général baron Chouard, commandant l'avant-garde de la Garde impériale à Vignory.

« Général, je reçois à l'instant la lettre que vous m'avez fait l'honneur de m'écrire cette nuit.

» Il faut requérir des autorités locales le nombre de chevaux qui vous sont nécessaires pour votre artillerie, en sorte qu'elle soit bien attelée et puisse manœuvrer avec agilité.

» Je vais forcer de marche de manière à vous échelonner près d'une journée plus tôt que ne le porte l'itinéraire de la division.

» Je vous prie, général, de me communiquer avec promptitude les renseignements que vous recevrez.

» Agréez, je vous prie, tous mes sentiments sincères.

» Le général de division, Bon de la FERRIÈRE. (1)»

Cette lettre, contemporaine de tant de hauts faits d'armes si glorieux pour notre pays ; cette lettre, écrite entre deux batailles contre les Russes et les Prussiens, et ce joli croquis dû au crayon insouciant de quelque artiste en voyage, nous remirent en mémoire la promesse précédemment faite à un éditeur de nos amis de lui adresser quelques notes sur son pays natal, dont, quoique éloigné depuis plus de trente années, il a gardé souvenance.

II.

La petite ville de Vignory, située non loin de la Marne, traversée par un mince filet d'eau entre deux montagnes sur l'une desquelles existait autrefois un château, auquel elle doit, sinon sa création, au moins son agrandissement successif, offre des sites ombreux et pittoresques. Ce n'est pas à tort que Pline a dit : *Urbes aquæ condunt.* En face du café Dallemagne, est une source d'eau vive, limpide, intarissable et pure, sur laquelle on a élevé un portique à colonnes, pour servir de lavoir.

La fondation de Vignory (*Vangionisrivus*) remonte à une époque fort reculée. Nous avons lieu de croire que la ville ancienne était beaucoup plus importante et plus étendue que la ville actuelle (2). Elle fut érigée en baronnie, en 1555, pour une branche de la maison d'Amboise.

____

(1) Collection d'autographes de **M. Dumont**, à Saint-Mihiel (Meuse).

(2) Il existe à la bibliothèque impériale une petite vue à vol d'oiseau, fort curieuse, représentant Vignory et son château ; elle a été gravée au commencement du XVIIe siècle.

Un ami des arts qui habite les environs, M. Ch. Launoy, notre obligeant *cicerone,* nous a montré plusieurs constructions en pierre, d'un style assez monumental, dont la date paraît être des XVe et XVIe siècle.

En fait d'hommes célèbres nés à Vignory, la nomenclature n'en sera pas longue. Nous n'en connaissons qu'un seul, c'est le Père Oudin, jésuite, qui vivait au XVIIe siècle. Ce polygraphe, fort érudit, savait six langues. Il publia plusieurs livres d'histoire et de géographie. Les *Poemata didascalia,* qui parurent sous le nom de d'Olivet, sont de lui ; il est connu surtout par ses travaux pour la bibliothèque latine de la Société de Jésus. Il en acheva les quatre premières lettres ainsi qu'environ 700 notices.

III.

Le château de Vignory, qui fut, dit-on, la résidence des rois de la première race, appartient aujourd'hui à M. Forgeot, médecin et maire de la ville.

Ne vous attendez pas à voir des ruines pittoresques et bien conservées dans leur délabrement comme celles de Normandie ou de Bretagne. Depuis trente ans, on a établi une petite ferme au point culminant de la montagne sur laquelle se dressent encore debout quelques pans de muraille, et un des derniers propriétaires a découronné la tour principale, a nivelé les brèches béantes dont la silhouette se profilait si hardiment à l'horizon, sous le prétexte fallacieux que cet alignement régulier serait beaucoup plus agréable comme point de vue.

A en juger par un dessin exécuté il y a une trentaine d'années, ce vieux manoir avait encore un aspect assez grandiose. Malheureusement, la ruine arrive quand même, et un délabrement qui afflige l'œil a été le résultat de l'abandon outrageux dans lequel on a laissé le vieux castel depuis cette époque.

C'est vainement que vous y chercheriez la trace des belles châtelaines dont il est si souvent parlé dans nos vieux chroniqueurs.

Quel souvenir reste-t-il de Béatrix de Vignory, veuve

de Jean, comte de Roucy, qui vivait vers l'an 1200 ; ou de Marie de Vervins, femme d'Antoine, seigneur de Vignory, vers 1520 ; ou de Madeleine de Vervins, veuve de Pierre, seigneur de Belleforière, qui épousa Antoine, seigneur de Hamées et de Vignory, vers 1560 ? (1)

Rien, rien, rien !

Plusieurs de ces nobles dames mirent en pratique l'aphorisme du poète latin :

> *Domum mansit*
> *Lanam fecit.*

Mais il en est d'autres qui auraient pu trouver place parmi les *Dames galantes*, dont Brantôme a esquissé la vie légère et aventureuse.

Le malicieux Tallemant de Réaux a donné quelques détails peu connus sur une madame de Vignory qui vivait de son temps. Nous en extrayons ce passage (2) :

« Mme de Taloet ou Talhouet est fille d'un M. du Lévier, homme de condition qui était conseiller au parlement de Rennes, et dont la veuve s'était remariée *à un gentilhomme qualifié de Champagne, nommé* M. DE VIGNORY....... Mme de Taloet eut la petite vérole qui ne l'a pas embellie ; il (son mari) lui fit dire que si elle le trouvait bon, il irait l'assister et qu'il l'aimait autant que jamais. Elle fut toujours inexorable.

» Durant sa maladie, elle eut une étrange affliction ; car sa mère, cette Mme de Vignory qui est veuve pour la seconde fois, eut la tête coupée à Rennes, avec sa fille du second lit, et voici pourquoi. Mme de Vignory avait eu connaissance d'un garçon bien fait qu'on appe-

---

(1) Avant la Révolution de 1789, ce château appartenait à la famille de Béthune ; malgré leur possession assez récente, il n'en reste dans le pays aucune trace ni aucun souvenir. *Sic transit gloria mundi.*

(2) HISTORIETTES, édition Montmerqué, chapitre 322 sur Mme de Taloet.

lait Bussy. Il était d'honnête naissance de devers Moulins ; il avait du bien passablement. D'abord il suivit le barreau à Paris, et après il fut commis de M. de Noyers. Elle le maria avec sa fille du second lit, parce qu'il lui prêta 20,000 livres dont elle avait besoin. Elle avait cru, peut-être, qu'ayant été avocat et ayant habitude chez M. de Noyers, il débrouillerait les affaires de la maison. Ce garçon, en tout, pouvait jouir de sept ou huit mille livres de rente avec sa femme ; le reste était fort embarrassé. On ne laissa pas de l'appeler M. le marquis de Bussy. Il s'était marié à condition de prendre le nom et les armes de sa femme, et qu'il donnerait je ne sais combien à la belle-mère. Il ne lui tint pas ce qu'il lui avait promis. Elle, pour s'en venger, gagne sa fille que cet homme aimait tendrement : elles lui font donner un coup d'arquebuse à une *huée* (chasse) qu'on fit pour prendre des loups en Bretagne, où ils étaient pour quelques affaires ; peut-être y avaient-ils du bien. Et comme il n'était pas blessé à mort, la belle-mère voulut obliger le chirurgien à empoisonner la plaie. Celui-ci y mit du sucre au lieu d'arsenic, puis se sauva. La vieille persuada à sa fille d'étrangler son mari, et après elle va à une grande dévotion de Bretagne qu'on appelle Sainte-Anne (d'*Auray*). La fille avec sa femme de chambre l'étranglent. Voilà la mère et la fille en prison : elles ont des lettres évocatoires ; au lieu de les faire signifier, elles se laissent cajoler aux juges, qui leur firent dire qu'elles n'avaient rien à craindre. En effet, ils n'avaient point dessein de les condamner ; mais le rapporteur conclut à la mort, les autres eurent honte, cela passa tout d'une voix ; il n'y avait point de preuves contre la mère. La fille mourut en philosophe et sans penser à l'autre vie. Elles furent condamnées lorsqu'elles s'y attendaient le moins.

» Cela est assez ordinaire, ajoute le caustique Tallemant ; il y a beaucoup d'histoires de femmes qui ont fait tuer leurs maris.

» La mère fit une fin fort chrétienne, car elle écrivit à sa fille de Taloet, à Paris, pour l'exhorter à mettre sa conscience en repos sur l'affaire qu'elle avait contre son mari ; cela voulait dire que, si elle ne croyait point être sa femme , elle allât jusqu'au bout. »

IV.

Sur l'emplacement qu'occupait l'ancien château de Vignory, on voit encore trois tours ou débris de tours : la tour du Puits, la tour Carrée et la Canonnière.

L'herbe croît, épaisse, entre les pavés de ce qui fut l'ancienne cour d'honneur. Partout les plantes parasites ont envahi le sol. Le chardon s'y épanouit tout à son aise, et sur les murs dont les pierres se disjoignent, la giroflée des ruines mêle ses fleurs jaunes au vert noirâtre du lierre. Les longues grappes pendantes de ces plantes amies des ruines, qui, suivant l'expression énergique d'un poète-antiquaire, aiment à enfoncer leurs ongles dans la pierre, couvriront presque entièrement, dans quelques années, les parties inférieures du vieux château fort.

Dans la tour du Puits, nous avons visité une salle basse aux nervures ogivales. L'escalier qui y conduit est effondré et tout croulant. A en juger par la beauté des voûtes, par les forts revêtements de pierre qui couvrent les pavés et les préservent contre les suintements de ces gouttes d'eau qui savent traverser les montagnes comme un filtre, on comprend toute l'importance qu'avait, avant le cardinal de Richelieu, ce roc fortifié qui dominait la contrée. Cette salle, en partie obstruée par la maçonnerie, pouvait servir de salle de garde aux hommes d'armes. Quoique beaucoup plus petite, elle n'est pas sans analogie avec celle du Palais-de-Justice de Paris, désignée sous le nom de *Cuisines de saint Louis*.

La tour Carrée offre un aspect assez imposant avec ses refends ornés de bossages vermiculés qui caractérisent la fin du XVIe siècle. Malheureusement le sommet en a été rasé, puis coiffé d'un ignoble toit en ardoises ou en colombage.

Au-dessus de la porte d'entrée, nous remarquâmes les

moulures brisées et noircies par le temps qui festonnent autour de l'écu effacé (1).

L'intérieur de cette tour offre un aspect nu et délabré qui afflige l'œil ; tous les planchers des divers étages ont disparu depuis longues années. Au milieu d'un tas de décombres, nous avons distingué plusieurs de ces énormes boulets de pierre que nos pères désignaient sous le nom de bedaines ou bidondaines. Une grande et vaste plaque de cheminée en fonte, aux armes des nobles possesseurs de la baronnie, est jetée dans un coin, comme un objet de rebut, à côté de ces fameux boulets, projectiles meurtriers que du haut de la plate-forme on lançait au loin sur les assiégeants.

Quant à la tour Canonnière, il en reste si peu de choses que cela ne vaut vraiment pas la peine d'en parler.

Les géologues y remarqueront de belles stalactictes qui s'y sont cristallisées par suite de l'infiltration des eaux.

V.

Le prieuré de Vignory dépendait de l'abbaye de Saint-Bénigne de Dijon.

A gauche de l'église, on voit une grande cour plantée d'arbres et au fond de grands bâtiments dont la teinte sombre et l'uniformité de style rappellent les constructions monastiques. C'était là l'ancien prieuré, et aujourd'hui c'est la demeure d'un médecin. Les fenêtres aux carreaux maillés de plomb, les poutres saillantes du plafond noircies par le temps et la fumée, les murs revêtus de boiseries de chêne, tout y rappelle ces scènes d'intérieur si finement gravées par Abraham Bosc, sous le

---

(1) Le Père Ménétrier, dans son *Traité du Blason*, cite l'écu d'une des branches de la famille de Vignory : *De gueules à six burelles d'argent.*

M. Ernest Royer, régisseur du Domaine de Cirey, antiquaire aussi instruit qu'obligeant, nous a fait voir une belle plaque de cheminée en fonte aux armes de la famille de Vergy de Bourgogne, qui a possédé Vignory (XVIIe siècle).

*

règne de Louis XIII. Les moines soignaient tout dans leurs édifices ; le détail et l'ensemble. Ils apportaient à tout la même intelligence ; toutes les combinaisons de l'architecture domestique leur étaient familières.

A droite de l'église, est l'ancien cimetière dans lequel on a pratiqué une large tranchée, afin d'isoler l'église de ce côté. Nous y avons remarqué une fort belle croix en pierre artistement sculptée (XV° siècle), qui rappelle, par l'originalité de son dessin et la richesse de son ornementation, les croix bretonnes. Elle est presque entièrement masquée par le feuillage des arbres, et peut-être serait-il à propos, dans l'intérêt de sa conservation, de la démonter entièrement, d'en numéroter les pierres avec soin et de la remonter dans le nouveau cimetière, ainsi qu'on vient de le faire à Paris, dans la cour du Palais des Beaux-Arts, pour la jolie tourelle de la rue des Bourdonnais.

VI.

En 1844, M. Mérimée, inspecteur des monuments historiques, non moins connu par des productions littéraires d'un rare mérite que par des découvertes archéologiques d'une importance réelle, traversait en chaise de poste la petite ville de Vignory. Un retard apporté dans le relai le força d'y séjourner quelques minutes, et le spirituel antiquaire mit à profit ce retard imprévu en allant visiter l'église.

Là où il ne croyait voir qu'une chétive église de hameau, il découvrit une curieuse basilique carlovingienne fort maltraitée, il est vrai, par les hommes et par le temps. Il en fit la description dans un rapport au ministre, accompagné du plan et des dessins ; il appela l'attention de l'autorité supérieure sur cet intéressant spécimen de l'architecture romane, et obtint enfin des fonds suffisants pour commencer les travaux. Cette restauration, qui fait le plus grand honneur au talent de M. Bœswilwald, vient d'être terminée cette année (1).

---

(1) Dans son *Dictionnaire raisonné de l'architecture*, M. Viollet-

Maintenant dans cette belle église qui vient, on peut le dire, de sortir de ses ruines, on ne rencontre plus de traces du délabrement dans lequel elle était naguère. Tous ces anachronismes de pierre et de bois qui affligeaient l'œil du connaisseur ont disparu. La chaire en chêne sculpté, ornée de panneaux finement sculptés et de figures qui annoncent le ciseau exercé d'un maître, forme seule une légère disparate à cause de son style (XVIII° siècle), avec l'ensemble harmonieux de l'édifice ; mais comme elle est attribuée à Bouchardon, nous approuvons le motif qui l'a fait conserver (1).

VII.

M. Fériel, le savant procureur impérial de Chaumont, auteur d'une dissertation *sur la ville et les seigneurs de Joinville*, qui, depuis plus de quinze ans, malgré ses nombreuses occupations comme magistrat, a trouvé le temps de se livrer à d'intéressantes recherches sur l'archéologie locale; M. Fériel, qui unit à l'érudition de l'antiquaire le talent de l'écrivain, s'est occupé avec un soin tout particulier de l'église de Vignory. Il a publié un rapport au comité historique des arts et monuments près le ministère de l'intérieur, sur l'état de l'église avant sa restauration. Ce travail contient une description détaillée et fort exacte de la vieille basilique romane et des sculptures et inscriptions qui en font l'ornement. C'est dans l'excellent mémoire de ce studieux archéologue que nous avons puisé la majeure partie de la description qui va suivre ; nous le prions de recevoir,

---

le-Duc, a publié un bois représentant le plan géométral de l'église de Vignory, et il en fait une description succincte, mais fort exacte. (Page 169, XI° livraison, 1854. Victor Didron, éditeur, 13, rue Hautefeuille.)

(1) On sait que Bouchardon est né à Chaumont (Haute-Marne), en 1698, et qu'il mourut à Paris en 1762.

ici nos sincères remercîments pour cette obligeante communication (1).

VIII.

L'Eglise de Vignory est placée sous le vocable de saint Etienne, premier martyr.

La longueur totale de l'édifice est, dans son œuvre, de 50 mètres, et sa largeur de 16 mètres environ (2).

Le style architectural qui domine dans cette église est le roman du commencement du XIe siècle.

Le portail de l'église a été refait, il y a deux ans, dans le style roman.

Les chapelles latérales sont de la fin du XVe siècle.

Deux tours carrées, dont l'une a été depuis longtemps

---

(1) Le défaut d'espace nous a empêché de rapporter des extraits d'une lettre fort intéressante de Henry de Lenoncourt, comte de Nanteuil au duc de Guise, datée de VIGNORY, le 25 juillet 1554 ; nous aurions voulu aussi pouvoir publier : 1° un cartulaire fort curieux *de prieuré de Vignory* au XIVe siècle, consistant en une page in—4°, avec 5 pièces détachées ; 2° deux parchemins datés de 1262, attestant l'un que le fils du comte de Châlons prend à foy et hommage du comte de Champagne le fief de Vignory ; l'autre que l'archevêque de Besançon déclare que le fils du comte de Châlons tient Vignory à hommage du comte de Champagne et le doit excommunier s'il lui manquait de fidélité ; 3° enfin deux manuscrits du commencement du XIIIe siècle, dont voici les titres : *Quod Galtherus, dominus Vangionisrivi (*DE VIGNORY*) de Blancha Comitissa acceperit feodum Vangionisrivi anno 1204. — Quod Galtherus tenet a Rege Navarræ Theobaldo in feodum Colombarium ad duas ecclesias (*Colombey-les-deux-Eglises*) anno 1239.*

Ces précieux documents historiques sont inédits et existent à la Bibliothèque Impériale (*section des manuscrits*) ; si nous en connaissons l'existence, c'est à notre ami, M. Louis Paris, ancien bibliothécaire de Reims et directeur du cabinet historique, que nous le devons.

(2) C'est M. le procureur impérial Fériel, membre de la société des antiquaires de Langres, qui a lui-même fait prendre ces mesures avec la plus stricte exactitude.

dérasée à la moitié de sa hauteur et dont l'autre est encore debout, se remarquent à droite et à gauche du sanctuaire. La deuxième tour offre un double rang de fenêtres à cintres géminés, et cache, sous un toit ardoisé, le cône de pierre qui la couronne. A l'extérieur de l'église, ces deux tours donnaient une apparence de régularité qui n'existe pas à l'intérieur. Cet intérieur se compose de trois nefs : l'une aboutissant à un sanctuaire en forme de cul-de-four ; les deux autres accompagnant latéralement la nef principale et formant déambulatoire autour du chœur.

En regrattant l'intérieur, on a retrouvé des traces de polychromie entre les colonnes de la nef principale.

Six arcades à plein cintre et deux grandes ouvertures ogivales établissent la communication entre la nef principale et chacun des bas-côtés. Les baies ogivales placées à l'entrée de l'église ont remplacé trois arcs romans semblables à ceux qui existent encore.

Le collatéral du nord est nu et soutenu au dehors par des contre-forts adhérents ; celui du midi a été successivement ouvert entre les contre-forts du XIVe au XVIe siècle, pour l'établissement d'un certain nombre de chapelles.

Avant le XVIe siècle, des fenêtres à plein cintre étaient percées de chaque côté de la nef, et prenaient leur jour au-dessus des combles latéraux ; mais il n'en reste actuellement que six ouvertes au nord ; toutes celles du midi ont été murées par suite d'une disposition nouvelle de la toiture, qui se prolonge jusque sur les chapelles et donne à l'extérieur de l'église une apparence lourde et écrasée.

Au-dessous des fenêtres, ou plutôt au-dessus des piliers de la nef, une suite d'arcades forme une espèce de galerie à jour. Chaque double arcade est séparée par une colonne sans base, dont le chapiteau carré est orné de dessins bizarres qui varient non-seulement pour chaque colonne, mais diffèrent même pour chaque face du chapiteau. Tantôt cette ornementation capricieuse imite des perles, tantôt des broderies dites *grecques*, des feuillages ou des oiseaux se becquetant.

Le chœur, voûté en berceau et beaucoup plus bas que la nef, est supporté par des piliers et par des colonnes à chapiteaux historiés.

Au chevet de l'église, trois chapelles voûtées en forme de conque font chacune, au dehors, une saillie semi-circulaire.

De curieux bas-reliefs sont incrustés dans le mur de celle qui vient après la chapelle Saint-Nicolas.

L'intention du *tailleur d'images* a été de rappeler la naissance de Jésus-Christ et de glorifier sa divine mère.

Les personnages groupés ou isolés reposent sur des consoles portant les armoiries d'un fondateur. Elles ont été brisées et rendues méconnaissables.

On distingue encore assez bien l'or, l'azur et d'autres traces de la polychromie brillante de cette époque. La chapelle doit avoir été elle-même entièrement polychromée.

Contre le mur d'une chapelle latérale, on a, depuis peu, incrusté trois tombes plates en pierre de Saint-Hilaire. Elles sont gravées en creux, et représentent des bourgeois du pays dans le costume du XIIIe siècle. Leur analogie est frappante avec celles qui figurent dans le recueil de monuments et costumes conservé à la bibliothèque impériale sous le titre de *Portefeuille de Gaignières*.

Les chapelles latérales de l'église de Vignory sont au nombre de six. La voûte de deux de ces chapelles est remarquable par des nervures et des pendentifs en forme de *culs de-lampe* dans le genre de ceux qui sont à Saint-Gervais de Paris.

La chapelle dédiée à sainte Barbe est la cinquième à partir de l'entrée; on y remarque un autel dont la face antérieure et le retable en pierre sculptée sont du XVe siècle (1). Le retable était fermé par des panneaux

____

(1) Toutes les sculptures de l'église de Vignory sont en pierre de Saint-Hilaire, dont le grain se prête admirablement aux travaux d'art. La carrière existe près de Saint-Hilaire, espèce d'hermitage où tous les ans, au 24 juin, on se rend en pèlerinage, et qui est situé à peu de distance de Vignory, sur la route de Chaumont.

de bois peint en forme de volets qui n'existent plus. Sa longueur est de 2 mètres 20 centimètres, sur 75 centimètres de hauteur. Le Christ, ayant d'un côté sa mère, de l'autre saint Jean; le disciple bien-aimé occupe la partie centrale. A droite du Christ, on voit le baiser du traître Judas; derrière lui, est un soldat coiffé d'un casque à visière abattue, un personnage tenant une lanterne, et saint Pierre saisissant son glaive au moment où il va couper l'oreille à Malthus.

Entre cet épisode de la Passion et le sujet du milieu, une statuette, aujourd'hui mutilée, représentait le Sauveur après sa flagellation.

A gauche du fils de Dieu crucifié, on voit les saintes femmes au tombeau et l'apparition à la Madeleine.

A l'extrémité du retable, sont les portraits du donateur et de la donatrice; le premier est agenouillé d'un côté sous le patronage de saint Jean-Baptiste; son écusson, placé près de lui, porte trois têtes de bœuf posées 2 et 1 sur champ.... Derrière la donatrice, qui est du côté opposé, priant, en face d'un missel, on voit sa patronne, sainte Catherine, tenant la roue, instrument de son martyre et son attribut distinctif.

Les divers tableaux dont nous venons de parler sont surmontés d'une série de petites ogives à accolades; au-dessus, dans douze ouvertures en forme de lucarne ogivale, apparaissent de jolies petites têtes, pleines d'expression, qui pourraient bien être celles des apôtres.

Le devant d'autel, haut de 90 centimètres, est divisé en trois parties; au milieu, Dieu le père, portant le manteau et la couronne royale, pose sur la tête de la Vierge agenouillée une couronne qu'un ange soutient respectueusement; à droite est saint Pierre, tenant un livre fermé et les clés du Paradis; à gauche est saint Paul, portant une épée nue et un livre ouvert.

Sur la pierre, on aperçoit des traces de polychromie; l'humidité, plus encore que l'action du *tempus edax*, a singulièrement altéré la vivacité des couleurs.

Du temps qu'existait le prieuré de Vignory, les religieux célébraient leur office dans la seconde partie de

l'église, la première étant abandonnée au curé du bourg
et affectée aux besoins de la paroisse.

L'un des groupes, près de l'autel, représente la Vierge-
mère couchée dans un lit à baldaquin, sur lequel est
assis l'enfant Jésus. En face et de l'autre côté de l'autel,
est agenouillé un roi-mage, découvrant un vase rempli
de pièces d'or qu'il offre au nouveau-né. L'enfant divin
tient un philactère portant ce distique écrit en caractères
gothiques angulaires :

> *En. grey. recevrais. vostre. offrande. à. Dieu.*
> *mon. père. le. mettrai.*

Quant au roi-mage, il semble s'adresser à ses deux
compagnons, car il dit :

> *Compains. resgardés. cette. estoile. oncques.*
> *mais. ne. vis. la. paroille.*

Derrière lui est debout un personnage dont la tête
est cassée. Il est vêtu d'une longue robe d'azur, et porte
une chaîne d'or garnie de grelots.

Au bas, on lit ces mots, qui semblent une réponse au
roi-mage :

> *...... Vray. certainement. pour. nous.*
> *va. devant.*

Le troisième roi-mage a disparu.

Derrière les trois Maures, le sculpteur a représenté
trois chevaux fraîchement caparaçonnés et très-lourde-
ment sculptés. Il n'en reste que les têtes garnies de leurs
harnais. La légende qui les entoure est mutilée et illi-
sible.

Près du lit de la Vierge Marie, on distingue, contre la
muraille, les têtes du bœuf et de l'âne, compagnons in-
séparables de la crèche.

A peu de distance, sur une console séparée, se tient

une servante ayant près d'elle un baquet et se disposant à laver le linge de l'accouchée ; on lit sur son phylactère :

> *En. ce. cuviau. je vuilz. baugier. quar. mains.*
> *mas. étes..... r.*

Enfin, derrière elle, sur une autre console, on voit saint Joseph, dont la figure est riante. Assis près d'un trépied, supportant un vase dont il paraît remuer le contenu, il dit ces mots :

> *Je. ne. say. se. je. sauray. faire. viande. qu'à.*
> *Dieu. puisse. plaire.*

A droite et à gauche de l'entrée sont deux bergers jouant de la cornemuse. Dans l'un des groupes, on distingue deux béliers luttant joyeusement, tandis que, plus loin, un chien saisit un loup dont on aperçoit seulement la tête. Voici les paroles que le berger adresse à son troupeau.

> *Tous. et. toutes. grant. joie. menez. quar.*
>
> *IHUS. (Jésus). de la. Vierge. est. nez.*

En face et près de l'autre berger, se trouvent les vers suivants qui continuent la pensée :

> *Fils. de. Dieu. les. anges. le. dient. les. prophécies.*
> *s'accomplient.*

Un ange, placé de chaque côté de la chapelle, au-dessus des différents groupes, vient compléter la scène, en disant :

> *D'un côté : Annuntio. vobis. gaudium. magnum.*
>
> *De l'autre : Gloria. in. excelsis. Deo.*

Contre la voûte de la chapelle, on remarque une représentation mystique de la Trinité, qui a été gravée dans l'*Iconographie chrétienne*. Dieu le père et Dieu le fils, tous deux paraissant du même âge, tête nue et le visage orné d'une barbe d'égale grandeur, se détachent de la voûte ; l'un tient un calice et montre une hostie que l'autre bénit. L'Esprit saint, sous la forme d'une colombe, semble réunir du bout de ses ailes le père et le fils dont il procède ; dans son bec, il tient l'hostie qui figure au-dessus du calice.

IX.

Jamais le génie stratégique de l'Empereur Napoléon Ier n'a brillé d'un plus vif éclat que dans cette dernière et infructueuse, mais glorieuse et immortelle campagne de France.

Après tous nos désastres militaires, quand l'ennemi envahit deux fois la France, la ville de Vignory fut appelée, comme les autres cités ses voisines, à prendre sa part des malheurs publics.

Les habitants de Langres, assiégés par l'armée autrichienne, redoutant les horreurs d'un siége inutile et découragés par le départ de la garde impériale, avaient capitulé le 17 janvier 1814. La capitulation avait été signée par le colonel de la Morlière et le baron de Selbitz.

Neufchâteau avait été pris par les Bavarois le 19 janvier 1814, et à la même date, Dijon tombait au pouvoir des Autrichiens.

C'est à cette époque si triste dans nos fastes militaires que se rapportent ces nombreux passages de troupes à Vignory, dont nous avons parlé en commençant, qui tinrent les habitants dans une si cruelle anxiété (1).

L'armée ennemie présentait à l'œil un bizarre as-

____

(1) A cette époque, le département de la Haute-Marne fut occupé militairement par le trois souverains : l'empereur de Russie, l'empereur d'Autriche et le roi de Prusse ; ils avaient avec eux trois corps de troupes de chaque nation.

semblage de presque tous les uniformes des différentes nations de l'Europe ; les Cosaques indisciplinés ravageaient la campagne et rapportaient, sur leurs maigres cavales de l'Ukraine, les dépouilles opimes qu'ils avaient arrachées aux châteaux et aux fermes ; ils en tenaient même, dit-on, marché aux portes des villes.

Sur les promenades publiques, il n'était pas rare de se trouver en présence d'un camp de ces hordes sauvages que, de tout temps, la Russie a traînées après elle ; à voir ces hideux Tartares au regard féroce et à la barbe inculte, armés de longues lances et de flèches aiguës, on se reportait involontairement par la pensée au IVe siècle de notre ère, à l'époque où Attila, à la tête d'une soldatesque effrénée, ordonnait, non loin de là, la destruction de l'opulente cité des Lingones !

. . . .

A Vignory, l'autre jour, nous et quelques amis assistions à un passage de troupes qui captiva toute notre attention, car ces braves soldats de la garde impériale, ce n'était pas un simple changement de garnison qui les amenait-là ; ce n'était pas non plus, comme en 1814-15, les tristes conséquences de l'invasion de nos frontières par l'ennemi ; non, c'était la guerre contre les Russes, nos ennemis depuis 40 ans ; aussi étions-nous émus à l'idée que ces braves allaient renouveler en Crimée les exploits de leurs pères à Eylau, Champaubert et Montereau, et conquérir sur le czar Sébastopol l'inexpugnable !... *Justa ultio !*

X.

EPILOGUE.

Nous venons d'essayer de résumer dans les lignes qui précèdent l'historique et la description de l'ancien *Vangionisrivus*. Le but de nos *esquisses* a été de mettre en évidence et de compléter la haute importance dans les temps reculés de Vignory et de son territoire sous le rapport de l'archéologie et de l'histoire. Puisse notre faible voix être entendue du pouvoir et le déterminer à

appliquer de nouveaux fonds aux restaurations et améliorations importantes que réclame cette intéressante
cité.

Etranger à ce pays et resserré d'ailleurs par un étroit
espace dans les colonnes d'un journal, nous avions à
craindre ou de rassembler une collection indigeste de
faits, de titres et de documents qui n'aurait point trouvé
de lecteurs, ou de nous borner à une sèche nomenclature de noms, de dates et d'événements présentés iso-
lément, sans système général qui les liât, les coordon-
nât, et par conséquent les fît paraître sous leur véritable
jour.

Afin d'éviter ce double écueil, nous nous sommes borné
à une analyse rapide, à une description succincte. Pour
écrire complétement et méthodiquement l'histoire de
Vignory, il eût fallu publier les titres et les mémoires
contemporains qui s'y rattachent, et principalement toutes
les chartes dont plusieurs INÉDITES sont conservées dans
les différentes archives de l'ancienne Bourgogne ; en un
mot, eût-il fallu suivre, siècle par siècle, les diverses phases
de l'histoire générale de la France ; car, situé aux confins
de la Lorraine, de la Bourgogne et de la Champagne, le
territoire de Vignory servit longtemps de frontière et
trop souvent de champ de bataille aux seigneurs voi-
sins.

Ainsi aux archives du département de la Côte-d'Or,
à Dijon, nous avons vu un précieux cartulaire dans lequel
il est traité du prieuré de cette ville, en l'an 1375 (n° 129
et 36). Faute d'espace, nous nous bornons à transcrire la
dernière page :

« *C'est Burères en laquelle ville le priour de Vouignory*
(sic) *a homme de telle condition comme ceux de Sori-
zères. — Item sont dehues* (sic) *audit priour plusieurs sen-
sives d'argent en ladite ville, déclarées par le sensier don
priour.* »

Voici ce qu'on lit au premier feuillet de ce cartulaire,
écrit sur fort beau vélin :

« L'an de grâce courant mil trois cent et quatre-vingts,
à Pâques commençant, qui furent ladite année le jour
de l'Annonciation Notre-Dame, fut commencé ce livre

pour monseigneur Eude Griffon de Dijon, prieur de *Voignory* (*sic*), membre du monastère de Saint-Bénigne dudit Dijon, de l'ordre de Saint-Benoît, du diocèse de Langres, auquel livre sont contenues plusieurs choses touchant l'héritage et le fait doudit prieurey, lesquelles choses s'ensuivent, etc.... »

A la fin de ce cartulaire et à la suite de la nomenclature des bourgs et villages, nous avons remarqué plusieurs chartes importantes des seigneurs du pays et des évêques de Langres. La plus ancienne que nous y ayons découverte est celle de Robert, évêque de Langres, en l'an 1058.

Nous en étions là de nos investigations, quand, en feuilletant la table au catalogue des archives, nous trouvâmes la désignation sommaire des documents historiques ci-après, si importants pour le sujet qui nous occupe :

.... 6 PIÈCES. La première un *vidimus* d'une déclaration faite par frère Hugues, chanoine de Cormeil, ordre de Prémontré, constant (*constatant*) qu'il y a environ 35 ans, étant à Jussey, il vit le seigneur de Vignory reprendre le fief de Reigney du feu comte Hugon; lequel Reigney, le sieur de Coulon le tenait du sieur de Vignory ; présents : MM. Jacques de Vallefans, Jacques de Montbazon, Jacques de Gonclaux, Othe de Chaps, Ferry de Bannans, châtelain de Jussey, chambellan de Jussey..... Donné le jour de l'octave Notre-Dame, septembre 1287.

.... La deuxième, un *vidimus* d'une reprise de fief de Gautier de Vignory, de la terre de Vignory, de l'an 1250.

Il existe encore au dépôt de ces belles et précieuses archives, dans un registre signé de deux notaires, où sont transcrites 73 lettres des XII° et XIV° siècles, plusieurs pièces concernant Vignory (*voyez volume 2, page 74 du Catalogue des Archives*).

Nous allons transcrire l'intitulé des plus importantes :

« Lettre de Gautier, sieur de Vignory, de 1250, reprenant en fief de Othon, duc de Méranée, le Châtel et fief de Vignory. »

Autre lettre de Ferry (1270)
    Id.   de Gautier (1250)
    Id.   de frère Hugues de Cor-
          nuel (1287)
    Id.   de Gautier, sieur de Vi-
          gnory (1280)

       volume 2 des
       Archives,
       page 878.

Dans la même section, nous avons trouvé, aux Archives dites de *Saint-Bénigne* (article Vignory), un arrêt concernant les réparations et améliorations du prieuré de Vignory en 1764, — autre semblable rendu en 1770, — un bail à ferme en 1755, pour l'abbaye ; — enfin, en 1765, un acte relatif à des constructions.

Malgré nos recherches nombreuses pour découvrir si les effigies des seigneurs de Vignory ont été reproduites par le pinceau ou le burin, nous n'avons pu découvrir qu'un seul portrait. Nous voulons parler de Philibert Orry, chevalier et comte de VIGNORY, contrôleur-général des finances, ministre et secrétaire d'Etat, né en 1697, à Troyes, nommé intendant de Soissons en 17.., de Perpignan en 1727, de Lille en 1730, contrôleur-général des finances le 17 mars 1730, ministre d'Etat en 1736, contrôleur-général des bâtiments en 1737, qui mourut dans sa terre de La Chapelle le 19 novembre 1747.

Ce portrait, dont il existe une assez bonne copie dans les galeries du musée de Versailles, a été peint par Hyacinthe Rigaud.

Voici l'indication des portraits gravés que nous avons trouvés de ce personnage :

1° Gravure in-folio major, faite par *Lépicié*, en 1737;
2° L. *Cars* filius, ad vivum pinxit et sculpsit, in-folio;
3° Paris, chez Crépy, de 3/4, regardant à gauche, format in-8°.

M. Soliman, l'infatigable et intelligent collectionneur de matériaux iconographiques, nous en a communiqué une belle épreuve d'une conservation parfaite que nous croyons rare.

« Des monographies étudiées avec soin, a dit M. Guizot, me paraissent le plus sûr moyen de faire faire à l'histoire de véritables progrès. »

Frappé de la vérité de ces paroles de l'illustre savant qui a lui-même recueilli tant de matériaux inédits pour notre histoire nationale, nous prendrons la liberté d'exprimer le désir que des documents historiques de l'importance de ceux que nous venons de signaler plus haut ne demeurent pas plus longtemps inédits, et qu'ils soient publiés par la société archéologique du département de la Haute-Marne. Puissent nos vœux ne pas rester stériles !

FIN.

Sainte-Ménehould, typographie Duval-Poignée.